Hackfleisch
VARIATIONEN

Impressum

Genehmigte Ausgabe
Bellavista ist ein Imprint
des Karl Müller Verlages
Silag Media AG
Liebigstr. 1-9
40764 Langenfeld

Rezeptverzeichnis

Vorwort

Sehr verehrte Leserin, sehr verehrter Leser,

wer gerne gut isst, Freude daran hat Gäste mit gelungenen Speisen zu verwöhnen und schon die Zubereitung als Kocherlebnis empfindet – der wird diese Sammlung mit gekonnt zusammengestellten und mehrfach erprobten Rezepten immer wieder gerne zur Hand nehmen.

Dieser Ratgeber, der Teil einer umfangreichen Reihe weiterer Themen ist, vermittelt das Know-how, mit dem Ihnen garantiert alles gelingt. Selbst alltägliche Gerichte werden raffinierter. Ihre persönliche Rezeptsammlung wächst, und die neu gewonnenen Kochkünste werden Ihre Gäste begeistern. Geselliges Beisammensein mit der Familie, mit Freunden und Bekannten gehört zu einem ausgefüllten Leben dazu. Gemeinsames Kochen, Backen oder Grillen hat sich längst zu einer beliebten Freizeitbeschäftigung entwickelt.

Die Titel-Überschrift „lecker und einfach“ übermittelt die Botschaft, dass die Zubereitung raffinierter Gerichte auch nicht sehr aufwändig sein muss: Fachgeschäfte, Supermärkte und die Tiefkühltheke Ihres Discounters bieten heutzutage eine reiche Auswahl an Produkten und Zutaten an, die jede der beschriebenen Rezeptvariationen möglich macht. Und dabei müssen wir auch gar nicht einmal tief in die Tasche greifen, um uns diesen Luxus und das Erlebnis des eigenen Kochvergnügens leisten zu können.
Mit dieser Rezeptsammlung haben wir einen Ratgeber geschaffen, der alle Informationen und Tipps bietet, um das Kochvergnügen – mit garantiertem Erfolg – in vollen Zügen genießen zu können.

Viel Spaß dabei und einen guten Appetit.

Herzlichst Ihr

Siegfried Lapawa
Verleger Karl Müller Verlag

Tatar

400 g Tatar	Salz
12 Zwiebeln	grober Steakpfeffer
100 g Gewürzgurken	Paprikapulver, edelsüß
1-2 Bund glatte Petersilie	4 Eigelb
50 g kleine Kapern	

Pro Portion ca. 210 kcal / 870 kJ

1 Das Tatar gleichmäßig durchmischen und in 4 Portionen teilen. Auf Teller oder Brettchen geben. Die Zwiebeln schälen, die Gurken abtropfen lassen, die Petersilienblättchen abzupfen, alles fein hacken.

2 Die Kapern abtropfen lassen. Die vorbereiteten Zutaten, Salz, Pfeffer und Paprikapulver um das Tatar herum arrangieren. Je ein Eigelb (am besten noch in der Schale) in das Fleisch setzen. Sofort servieren.

Variation: Zusätzlich oder im Austausch können Sie auch Zitronensaft, Öl, Cognac oder Creme fraiche dazu servieren. Auch fein geschnittene Radieschen oder Schnittlauchröllchen passen wunderbar zum Tatar.

Das Tatar gut gekühlt mit Weißbrot reichen.

Gefüllte Tacoschalen

1 kleine Zwiebel
2 Knoblauchzehen
50 g Rosinen
50 g schwarze Oliven ohne Stein
2 Eßlöffel Olivenöl
400 g Rinderhack Salz
Cayennepfeffer
1 hartes Ei
½ kleiner Kopf Eissalat
12 Tacoschalen (geröstete Maisfladen)
50 g geriebener Käse
150 g Sauerrahm

Pro Portion ca. 660 kcal / 2740 kJ

1 Die Zwiebel und die Knoblauchzehen abziehen. Zwiebel und Knoblauch, die Rosinen und die Oliven hacken.

2 Das Öl in einer tiefen Pfanne erhitzen und das Rinderhack darin anbraten, bis es krümelig ist. Mit Salz und Cayennepfeffer würzen. Die kleingehackten Zutaten untermischen und alles weitere 5 Minuten braten.

3 Das harte Ei hacken und unter die fertige Hackfleischmasse geben. Vom Herd nehmen. Den Eissalat in feine Streifen schneiden, waschen und abtropfen lassen.

4 Die Tacoschalen im vorgeheizten Backofen bei 180 Grad 5 Minuten erwärmen.

5 Das gewürzte Hackfleisch in die Tacoschalen füllen. Darüber eine Lage Salatstreifen und geriebenen Käse geben. Mit etwas Sauerrahm übergießen.

Bologneser Fleischsauce

20 g getrocknete Steinpilze
2 kleine Möhren
2 Stangen Sellerie
1 kleine Zwiebel
1 Knoblauchzehe
1 Bund glatte Petersilie
30 g Speck, 20 g Butter
250 g Rinderhackfleisch
100 ml Rotwein
200 g pürierte Tomaten (Fertigprodukt)
1 Esslöffel Tomatenmark
1 Prise Zucker, Muskatnuss, Salz
1 Messerspitze gemahlene
frisch gemahlener schwarzer Pfeffer
50 g Hühnerleber und -herzen

Pro Portion ca. 280 kcal / 1150 kJ

1 Die Steinpilze in einer kleinen Schüssel in lauwarmem Wasser einweichen. Die Möhren schälen, in Scheiben schneiden. Sellerie waschen, putzen, in Stücke schneiden. Zwiebel und Knoblauch abziehen und würfeln. Petersilie waschen, trockenschütteln und die Blättchen abzupfen. Das ganze Gemüse und die Petersilie auf einem Brett fein hacken oder wiegen.

2 Den Speck fein würfeln. Die Butter in einem großen Topf zerlassen und die Speckwürfel darin auslassen. Wenn der Speck zu bräunen beginnt, das feingehackte Gemüse zugeben und unter Rühren einige Minuten anbraten. Das Hackfleisch zugeben und unter Rühren braten, bis es krümelig ist.

3 Mit dem Rotwein ablöschen, dann das Tomatenpüree, Tomatenmark, Zucker, Muskatnuss, Salz und Pfeffer einrühren. Die eingeweichten Steinpilze in kleine Stücke schneiden, die Hühnerinnereien fein würfeln. Beides zur Sauce geben, bei schwacher Hitze ohne Deckel mindestens 1 Stunde einkochen lassen.

Hackfleisch-Sahnesauce zu Nudeln

250 g Möhren
½ kleine Sellerieknolle
1 Petersilienwurzel
1 Zwiebel, Salz
2 Esslöffel Butterschmalz
350 g gemischtes Hackfleisch
frisch gemahlener Pfeffer
3 Esslöffel Tomatenmark, dreifach konzentriert
1/8 l Rotwein, 200 g Schlagsahne
4 Blättchen frischer Liebstöckel
300g Penne oder andere kurze Teigwaren, 1 Esslöffel Öl
100 g geriebener Emmentaler

Pro Portion ca. 910kcal / 3800 kJ

1 Die Möhren, die Sellerieknolle und die Petersilienwurzel putzen, waschen und abtrocknen. Die Möhren raspeln, Sellerieknolle und Petersilienwurzel fein würfeln.

2 Die Zwiebel abziehen und hacken. Das Butterschmalz in einer tiefen Pfanne erhitzen. Wurzelgemüse und Zwiebel darin anschwitzen. Das Hackfleisch dazugeben und 5 Minuten braten. Mit Salz, Pfeffer und Tomatenmark kräftig würzen. Den Rotwein und die Sahne angießen.

3 Den Liebstöckel waschen, trockentupfen und hacken. Unter die Hackfleischsauce rühren. Zugedeckt ca. 20 Minuten köcheln lassen. Die Nudeln in reichlich Salzwasser bißfest kochen. Abgießen, abtropfen lassen und mit dem Öl in einer vorgewärmten Schüssel mischen.

Den geriebenen Emmentaler und die Sauce getrennt dazu reichen.

Hackfleischtoast

- 150 g Gouda am Stück
- 1 kleine Zwiebel
- 1 Bund glatte Petersilie
- 200 g gemischtes Hackfleisch
- 1 Teelöffel grob gestoßener schwarzer Pfeffer
- 31 Eßlöffel feine Kapern
- ½ Teelöffel Paprikapulver edelsüß
- Salz
- 4 Scheiben Toastbrot
- 20 g Butter

Pro Portion ca. 400 kcal / 1660 kJ

1 Den Gouda in kleine Würfel schneiden. Die Zwiebel abziehen und fein hacken. Die Petersilie waschen, trockenschütteln und die Blätter fein hacken.

2 Das Hackfleisch mit den Käsewürfeln, der Zwiebel, der Petersilie, dem Pfeffer und den Kapern gut vermischen und mit Paprikapulver und Salz kräftig abschmecken.

3 Die Toastscheiben mit Butter bestreichen und die Hackfleischmischung in Form von Frikadellen darauf flachdrücken. Im vorgeheizten Backofen bei 220 Grad Oberhitze 20 Minuten backen.

Dazu in Öl eingelegte rote Paprikaschoten und Cornichons servieren.

Reistopf mit Rinderhack

1 Zwiebel	1l Fleischbrühe
3 Eßlöffel Öl	3 Stangen Lauch
300 g Rinderhack	¼ l Sherry, halbtrocken
1 Teelöffel italienische Kräuter	50 g Kerbel
Zitronenpfeffer	4 Eßlöffel Schmant
300 g Reis	

Pro Portion ca. 570 kcal / 2390 kJ

1 Das Öl in einem Topf erhitzen. Das Rinderhack darin anbraten, bis es krümelig ist. Mit den italienischen Kräutern, Salz und Zitronenpfeffer würzen.

2 Den Reis und die gehackte Zwiebel unterrühren und kurz mitbraten. Mit der Fleischbrühe ablöschen. Bei kleiner Hitze 15 Minuten köcheln lassen.

3 Den Lauch in dünnen Streifen tropfnass zum Reis geben, den Sherry angießen und alles weitere 10 Minuten garen.

4 Kerbel unter den Reis mischen. Den Reistopf auf 4 vorgewärmte Teller verteilen und jeweils 1 Eßlöffel Schmant in die Mitte geben.

Frikadellen mit Bechamelkartoffeln

für die Bechamelkartoffeln:
800 g festkochende Kartoffeln, Salz
2 Zwiebeln, ¼ l Brühe
2 Eßlöffel Butter, 2 Eßlöffel Mehl
1 Messerspitze geriebene
Muskatnuss, ¼ l Milch
1 Bund glatte Petersilie
Butter für die Form
Pfeffer

für die Frikadellen:
2 Zwiebeln, 1 Eßlöffel Butter
1 Bund glatte Petersilie
500 g gemischtes Hackfleisch
2 Eßlöffel Semmelbrösel, 2 Eier
2 Teelöffel Senf, 80 g Bratfett
Salz, frisch gemahlener Pfeffer
1 Prise getrockneter Majoran
1 Prise geriebene Muskatnuss

Pro Portion ca.1280 kcal / 5370 kJ

1 Die Kartoffeln waschen und in der Schale in Salzwasser kochen. Abgießen, mit kaltem Wasser ab- schrecken, schälen und in dünne Scheiben schneiden. Die Butter in einer Stielkasserolle schmelzen, die gehackten Zwiebeln darin goldgelb andünsten. Das Mehl darüber stäuben. Nun unter ständigem Rühren mit dem Schneebesen die heiße Brühe und anschließend die Milch angießen. Bei schwacher Hitze 15 Minuten köcheln, dabei gelegentlich umrühren. Mit Salz, Muskatnuss und Pfeffer würzen. Die Kartoffelscheiben vorsichtig unter die Sauce heben.

2 Petersilie mit dem Kartoffelgemüse vermischen. Eine flache feuerfeste Form ausbuttern und die Bechamelkartoffeln hineinweben. Im vorgeheizten Backofen auf der oberen Schiene bei 225 Grad ca. 15 Minuten überbacken. Während der Garzeiten der Kartoffeln und der Sauce die Frikadellen zubereiten: Die Zwiebeln und die Petersilie fein hacken und beides in der zerlassenen Butter glasig dünsten.

3 Das Hackfleisch mit den Semmelbröseln, den Zwiebeln, der Petersilie, den Eiern und allen Gewürzen gründlich verkneten und 5 Minuten ruhen lassen.

4 Aus dem Fleischteig mit nassen Händen 8 Frikadellen formen. Das Bratfett in einer Pfanne erhitzen und die Frikadellen insgesamt etwa 8 Minuten braun braten.

Frikadellen mit Bohnensalat

400 g dicke, weiße Bohnen
200 g geräucherter Schweinebauch am Stück, Salz
2 Knoblauchzehen
6 Eßlöffel Olivenöl
4 Eßlöffel Weißweinessig
6 Frühlingszwiebeln
1 Bund Basilikum
frisch gemahlener schwarzer Pfeffer

für die Frikadellen:
600 g gemischtes Hackfleisch
2 Eier, 2 Eßlöffel Semmelbrösel
1 Zwiebel, 1 Knoblauchzehe
2 Eßlöffel Tomatenmark
1 Bund Petersilie
Öl zum Braten

Pro Portion ca. 530 kcal / 5370 kJ

1 Die Bohnen über Nacht oder mehrere Stunden mit Wasser bedeckt quellen lassen und dann mit dem Einweichwasser zum Kochen bringen. Die Bohnen ca. 1 Stunde köcheln lassen und erst salzen, wenn sie weich werden.

2 Den Schweinebauch in kleine Würfel schneiden und in einer trockenen Pfanne ausbraten. Die Knoblauchzehen abziehen, fein hacken und im Speckfett glasig dünsten. Das Olivenöl zugeben und die Pfanne vom Herd nehmen. Die gegarten, abgetropften Bohnen in die Pfanne geben, mit dem Essig würzen und alles gründlich vermischen.

3 Die Frühlingszwiebeln putzen, waschen und in sehr feine Ringe schneiden. Das Basilikum waschen, trockenschütteln und die Blätter in Streifen schneiden. Frühlingszwiebeln und Basilikum mit den Bohnen vermischen und mit Salz und Pfeffer ab- schmecken.

4 Das Hackfleisch mit Eiern, Semmelbröseln, Salz und Pfeffer vermischen. Die Zwiebel und die Knoblauchzehe abziehen und fein hacken. Zwiebel, Knoblauch und Tomatenmark gründlich mit dem Hackfleisch verkneten. Die Petersilie waschen, trockenschütteln, die Blätter fein hacken und ebenfalls zum Hackfleisch geben.

5 Aus dem Hackfleischteig mit nassen Händen 8 Frikadellen formen. Reichlich Öl in einer weiten Pfanne erhitzen und die Frikadellen bei mittlerer Hitze auf jeder Seite 4 Minuten braten. Die Frikadellen mit dem Bohnensalat anrichten.

Kreolisches Hacksteak

1200 g schwarze oder rote getrocknete Bohnen
2 Zwiebeln, Salz
1 Scheibe Weißbrot
500 g gemischtes Hackfleisch
2 Eier, 2 frische Chilischoten
2 Knoblauchzehen
1 Bund frisches Koriandergrün (Cilantro), ersatzweise glatte Petersilie
Öl zum Braten
4 Bananen
2 reife Avocados
1 dicke Scheibe frischer Schafskäse
2 Limetten

Pro Portion ca. 1130 kcal / 4710 kJ

1 Die Bohnen über Nacht oder mehrere Stunden mit Wasser bedeckt quellen lassen. Dann mit dem Einweichwasser zum Kochen bringen.

2 Die Zwiebeln abziehen, 1 Zwiebel halbieren und eine Hälfte zu den Bohnen geben. Die Bohnen bei schwacher Hitze 1 V2 Stunden köcheln lassen. 10 Minuten vor Ende der Kochzeit salzen. Die restlichen Zwiebeln fein hacken. Das Weißbrot in etwas Wasser einweichen. Das Hackfleisch mit den Zwiebeln, dem ausgedrückten Weißbrot und den Eiern vermischen.

3 Die Chilischoten putzen, die Kerne entfernen und die Schoten fein hacken. Die Knoblauchzehen abziehen und fein hacken. Das Koriandergrün waschen, trockenschütteln und die Blätter hacken.
Das Hackfleisch mit Salz, Chilischoten, Knoblauch und Koriandergrün mischen. Aus dem Fleischteig 4 große, ovale Hacksteaks formen. Öl in einer großen Pfanne erhitzen und die Hacksteaks bei mittlerer Hitze auf jeder Seite 5 Minuten braten.

4 Die Bananen schälen, der Länge nach halbieren und in einer zweiten Pfanne in Öl goldgelb braten. Die Avocado schälen, der Länge nach halbieren und vom Stein drehen. Jede Avocadohälfte diagonal in Scheiben schneiden. Die Käsescheibe in Streifen schneiden.

Die Hacksteaks mit dem Bohnengemüse, mit Bananen, Avocado, Käse und Limettenstücken portionsweise anrichten.

Griechische Hacksteaks

2 große Zwiebeln	frisch gemahlener Pfeffer
2 Knoblauchzehen	1 Messerspitze Cayennepfeffer
700 g Lammhackfleisch	1 Teelöffel Majoran
2 Eier	1 Teelöffel Paprika, edelsüß
4 Eßlöffel Semmelbrösel	2 Bund Frühlingszwiebeln
50 g schwarze Oliven ohne Stein	2 Eßlöffel gesalzene Butter
100 g Schafskäse	3 Eßlöffel Olivenöl
Salz	1 Zitrone

Pro Portion ca. 740kcal / 3100 kJ

1 Die Zwiebeln und die Knoblauchzehen abziehen und grob hacken. In einer Schüssel das Lammhackfleisch mit den Eiern, den Semmelbröseln, den Zwiebeln und dem Knoblauch gut verkneten.

2 Die Oliven hacken und zu dem Fleischteig geben. Den Schafskäse dazubröckeln. Kräftig mit Salz, Pfeffer, Cayennepfeffer, dem Majoran und dem Paprika würzen und alles gut vermischen.

3 Die Frühlingszwiebeln putzen und waschen. In einer tiefen Pfanne die Butter zerlassen und die tropfnassen Frühlingszwiebeln darin bei mittlerer Hitze zugedeckt 10 Minuten dünsten. Eventuell etwas Wasser nachgießen.

4 Aus dem Fleischteig 8 Klopse formen und ein wenig flach drücken. Das Olivenöl in einer Pfanne erhitzen. Die Lammhacksteaks auf beiden Seiten ca. 4 Minuten braten, herausheben und auf Küchenpapier abtropfen lassen. Die Zitrone in 8 Schnitze zerteilen. Die Lauchzwiebeln, die Hacksteaks und die Zitronenschnitze auf 4 Tellern anrichten.

Dazu Pitabrot reichen.

Lammhacksteaks mit Zucchini

4 mittelgroße Zucchini
5 Eßlöffel Olivenöl
2-3 Zweige Minze
4 große Knoblauchzehen
2 Schalotten, Salz
frisch gemahlener Pfeffer
weißer Estragonessig
1 Zwiebel
1 Bund glatte Petersilie
750 g Lammhackfleisch
2 Teelöffel grüne Pfefferkörner
2 Teelöffel scharfer Senf
2 Eier
4 Eßlöffel Semmelbrösel
2 Eßlöffel Butterschmalz

Pro Portion ca. 600 kcal / 2530 kJ

1 Die Zucchini waschen, trockentupfen, Blüten- und Stielansatz entfernen. Der Länge nach in dünne Scheiben schneiden. Das Olivenöl in einer großen Pfanne erhitzen und die Zucchini darin portionsweise auf beiden Seiten braun anbraten. Aus dem Öl heben und auf Küchenpapier abtropfen lassen.

2 Die Minze waschen, trockenschütteln, 4 kleine Büschel für die Dekoration zurückbehalten und die restlichen Blätter in feine Streifen schneiden. Die Knoblauchzehen und die Schalotten abziehen, halbieren und in dünne Scheiben schneiden. Eine Lage Zucchinischeiben in eine flache Form legen. Salz, Pfeffer, etwas Minze, den Knoblauch und die Schalotten darübergeben. Mit dem Estragonessig beträufeln. Auf diese Weise eine Lage nach der anderen übereinanderschichten.

3 Zugedeckt im Kühlschrank einige Stunden marinieren. Die Zwiebel abziehen und fein hacken. Die Petersilie waschen, trockenschütteln und hacken. Das Lammhackfleisch in einer Schüssel mit der Zwiebel, der Petersilie, den Pfefferkörnern, Salz, dem Senf, den Eiern und den Semmelbröseln gut verkneten. 8 Klopse formen und etwas flachdrücken.

4 Das Butterschmalz in einer Pfanne erhitzen. Lammhacksteaks darin auf jeder Seite ca. 5 Minuten braten. Herausheben und kurz auf Küchenpapier abtropfen lassen.

Mit den marinierten Zucchini und frischem Brot servieren.

Tex-Mex-Burger

für die Peperonata:	1 große Zwiebel, 2 Knoblauchzehen
2 große reife Fleischtomaten	750 g gemischtes Hackfleisch
1 grüne + gelbe Paprikaschote	2 Eier, 100 g Cheddar
Saft von 1 Zitrone, Salz	1 Dose Kidney-Bohnen, 400 g
frisch gemahlener Pfeffer	½ Teelöffel Kreuzkümmel, Salz
6 Eßlöffel Olivenöl	½ Teelöffel Chilipulver, 1 Teelöffel
für den Burger: Pfeffer	½ Teelöffel gemahlene Nelken
1 altbackenes Brötchen, Oregano	½ Teelöffel Koriander, 4 EL Sauerrahm
3 frische grüne Chilischoten	100 g geröstete Mais-Chips

Pro Portion ca. 1240 kcal / 5190 kJ

1 Die Tomaten überbrühen, häuten, vierteln und entkernen. Die Paprikaschoten waschen, putzen, halbieren und die Kerngehäuse entfernen. Tomaten und Paprikaschoten sehr fein würfeln.

2 Aus dem Zitronensaft, Salz, Pfeffer und dem Olivenöl eine Marinade zubereiten. Über das Gemüse gießen, gut vermischen und zugedeckt mindestens 1 Stunde im Kühlschrank durchziehen lassen. Das Brötchen in feine Scheiben schneiden, mit ¼ Liter heißem Wasser übergießen und 15 Minuten quellen lassen.

3 Die Chilischoten waschen, halbieren und das Kerngehäuse entfernen. Die Zwiebel und die Knoblauchzehen abziehen. Chilischoten, Zwiebel und Knoblauch fein hacken und in einer Schüssel mit dem Hackfleisch, den Eiern und dem ausgedrückten Brötchen gut verkneten.

4 Den Käse in kleine Würfel schneiden. Käse, die abgetropften Bohnen, Kreuzkümmel, Chilipulver, Oregano, gemahlene Nelken, Koriander, Salz und Pfeffer untermischen. Aus dem Fleischteig eine Halbkugel formen und in eine feuerfeste Form setzen. Im vorgeheizten Ofen bei 200 Grad ca. 1 Stunde backen.

5 Den fertigen Burger auf eine Servierplatte heben. Einen Teil der Peperonata über den Burger geben und mit dem Sauerrahm garnieren. Mais-Chips außen herumlegen. Restliche Peperonata getrennt dazu reichen.

Frikadellentopf mit Kartoffeln

3 Zwiebeln
1 Knoblauchzehe
1 Bund glatte Petersilie
600 g gemischtes Hackfleisch
2 Eier
3 Eßlöffel Semmelbrösel
frisch gemahlener schwarzer Pfeffer, Salz
½ Teelöffel Paprikapulver edelsüß
750 g Kartoffeln, vorwiegend festkochend
Butter für Form und Flöckchen
6 Lorbeerblätter
300 ml helles Bier

Pro Portion ca. 290 kcal / 1240 kJ

1 Die Zwiebeln und die Knoblauchzehe abziehen. 1 Zwiebel und die Knoblauchzehe fein hacken.

2 Die Petersilie waschen, trockenschleudern und ebenfalls fein hacken. Das Hackfleisch mit Zwiebel, Knoblauch, Petersilie, Eiern, Semmelbröseln, Salz, Pfeffer und Paprikapulver gut vermischen. Den Fleischteig in 8 Portionen teilen, rund formen und flach drücken. Die Kartoffeln waschen und schälen. Die restlichen Zwiebeln und die Kartoffeln in dünne Scheiben hobeln und salzen.

3 Eine feuerfeste Form mit Butter ausfetten und lagenweise die Kartoffeln, Frikadellen und Zwiebeln einlegen. Mit Pfeffer bestreuen, die Lorbeerblätter verteilen und das Bier angießen.

4 Die Form mit Alufolie verschließen und im vorgeheizten Backofen bei 225 Grad 40 Minuten backen. Die Folie entfernen, das Gericht mit Butterflöckchen besetzen und offen weitere 10 Minuten backen.

In der Form servieren.

Cevapcici

1 große Zwiebel	1 Teelöffel Rosenpaprika
2 Knoblauchzehen	Salz
200 g Rindfleisch	frisch gemahlener Pfeffer
200 g Schweinefleisch	Mehl zum Bestäuben
200 g Lammfleisch	1/8 l Öl

Pro Portion ca. 570 kcal / 2410 kJ

1 Die Zwiebel und die Knoblauchzehen abziehen und grob hacken. Das Fleisch würfeln. Fleisch, Zwiebel und Knoblauch durch den Fleischwolf drehen.

2 In einer Schüssel die Fleischmasse mit den Gewürzen vermischen und von Hand 10 Minuten kneten - das ist wichtig!

3 Ein Probewürstchen braten und den Fleischteig gegebenenfalls nachwürzen. Mit nassen Händen aus dem Fleischteig etwa daumengroße Würstchen formen.

4 Das Öl in einer tiefen Pfanne erhitzen. Die Würstchen darin rundum ca. 10 Minuten braten, bis sie knusprig sind.

5 Dazu reicht man gehackte Zwiebeln, eingelegte Paprika, nach Belieben auch Krautsalat und Brot.

Tip: Ćevapčići schmecken noch besser, wenn man sie auf einem geölten Rost grillt.

Österreichisches „Butterschnitzel"

für den Salat:
1 kg Salatkartoffeln, Salz
200 ml heiße Fleischbrühe
4 Eßlöffel Weinessig, 1 Prise Zucker
2 Teelöffel scharfer Senf
frisch gemahlener Pfeffer
2 Eßlöffel Öl, 2 kleine Zwiebeln
1 Salatgurke, 1 Bund Schnittlauch

für die Butterschnitzel:
1 Bund glatte Petersilie
600 g Hackfleisch vom Kalb
4 Eßlöffel Semmelbrösel
2 Eier, Salz, 80 g Butter
frisch gemahlener weißer Pfeffer
1 Messerspitze geriebene Muskatnuß

Pro Portion ca. 730 kcal / 3360 kJ

1 Die Kartoffeln waschen und in Salzwasser ca. 30 Minuten gar koche- Abgießen, mit kaltem Wasser abschrecken und schälen. Anschließend die Kartoffeln in gleichmäßig dünne Scheiben schneiden und in eine Salatschüssel geben. Aus der heißen Fleischbrühe, Essig, Senf, Zucker, Salz, Pfeffer und Öl eine Marinade zubereiten und über die Kartoffelscheiben gießen.

2 Die Zwiebeln abziehen und fein hacken. Vorsichtig unter den Salat mischen. Zugedeckt mindestens 1 Stunde durchziehen lassen. Anschließend noch einmal abschmecken. Die Gurke waschen. Mit dem Gurkenhobel in dünnen Scheiben zum Salat hobeln und untermischen.

3 Den Schnittlauch waschen, trockentupfen und in feine Röllchen schneiden. Vor dem Servieren über den Salat streuen, etwas Pfeffer aus der Mühle darüber mahlen.

4 Die Petersilie waschen, trockenschütteln und fein hacken.
In einer Schüssel das Hackfleisch mit den Semmelbröseln, den Eiern, Petersilie, Salz, Pfeffer und Muskatnuß zu einem geschmeidigen Teig verkneten. Mit nassen Händen 4 große Hacksteaks formen und nicht zu flach drücken.

5 Die Butter in einer Pfanne zerlassen. Die Hacksteaks darin auf jeder Seite bei kleiner Hitze 7 Minuten braten.

Gefüllte Fleischbällchen

125 g Mehl 1/8 l helles Bier 1 Messerspitze geriebene Muskatnuß, 3 Eier, Salz 100 g Egerlinge (braune Champignons) ½ Bund glatte Petersilie	1 Eßlöffel Butter Saft von ½ Zitrone 600 g gemischtes Hackfleisch 100 g gemahlene Mandeln frisch gemahlener Pfeffer Pflanzenfett zum Frittieren

Pro Portion ca. 990 kcal / 4110 kJ

1 Das Mehl in eine Schüssel geben. In die Mitte eine Mulde drücken. Das Bier, 1 Ei, Salz und Muskatnuß hineingeben und alles zu einem geschmeidigen, nicht zu dünnen Teig rühren. Zugedeckt quellen lassen.

2 Die Egerlinge putzen, waschen und trockentupfen. Die Petersilie waschen und trockenschütteln. Pilze und Petersilie hacken.

3 In einer großen Pfanne die Butter erhitzen und die Egerlinge darin anbraten. Die Petersilie untermischen und den Zitronensaft angießen. So lange dünsten, bis alle Flüssigkeit verdampft ist.

4 Das Hackfleisch mit den Mandeln, 2 Eiern, Salz und Pfeffer gut verkneten. Mit nassen Händen 8 gleich große Kugeln formen. In jede Kugel mit dem Daumen ein Loch drücken und einen Teil der Pilzmasse hineinfüllen. Gut verschließen und wieder rund formen.

5 Das Fett in der Friteuse auf 175 Grad erhitzen. Die Fleischbällchen auf eine zweizinkige Gabel spießen, im Teig wenden und ins heiße Fett gleiten lassen. Ca. 5 Minuten goldbraun frittieren. Herausheben und auf Küchenpapier abtropfen lassen.

Dazu paßt ein Tomaten-Gurkensalat mit Zwiebelringen und milder Vinaigrette.

Frittierte Hackbällchen

1 große Zwiebel
1 Knoblauchzehe
1 frische grüne Chilischote
1 Bund glatte Petersilie
1 Eßlöffel Butter
50 g Pinienkerne
600 g gemischtes Hackfleisch
3 Eßlöffel Tomatenketchup
11 Eiweiß
3 Eßlöffel Semmelbrösel
Salz, 2 Eigelb
frisch gemahlener Pfeffer
1 Messerspitze Chilipulver Mehl
150 g Kokosraspel
Pflanzenfett zum Frittieren

Pro Portion ca. 960 kcal / 4040 kJ

1 Die Zwiebel und die Knoblauchzehe abziehen und fein hacken. Die Chilischote waschen, halbieren, entkernen und sehr fein würfeln. Die Petersilie waschen, trockenschütteln und hacken.

2 In einer Pfanne die Butter erhitzen. Pinienkerne darin anrösten. Zwiebel, Knoblauch, Chilischote und Petersilie zufügen und einige Minuten mitdünsten. Vom Herd nehmen und etwas abkühlen lassen.

3 Das Hackfleisch mit dem Ketchup, dem Eiweiß, den Semmelbröseln und der Zwiebelmischung gut verkneten. Mit Salz, Pfeffer und Chilipulver würzen. Aus dem Fleischteig kleine Bällchen formen.

4 Das Mehl in einen tiefen Teller geben. Das Eigelb mit etwas Wasser verrühren. Die Bällchen zuerst in Mehl, dann in Eigelb und zuletzt in den Kokosraspeln wälzen.

5 Das Fett in der Friteuse auf 175 Grad erhitzen und die Hackbällchen darin 6 bis 7 Minuten frittieren. Mit dem Schaumlöffel herausheben und auf Küchenpapier abtropfen lassen.

Indische Lammhackspieße

2 kleine Pellkartoffeln
500 g Lammhackfleisch
1 Zwiebel, Salz
1 frische grüne Pfefferschote
½ Bund glatte Petersilie
30 g gemahlene Mandeln
1 Teelöffel Ingwerpulver
1 Teelöffel gemahlener Koriander
1 Messerspitze gemahlener Kardamom
1 Messerspitze Cayennepfeffer
50 g Kichererbsenmehl oder anderes Mehl
Pflanzenfett zum Frittieren
1 Teelöffel gemahlener Kreuzkümmel

Pro Portion ca. 530 kcal / 2240 kJ

1 Die geschälten Pellkartoffeln durch eine Kartoffelpresse drücken. In einer Schüssel das Lammhackfleisch und die Kartoffeln mischen. Die Zwiebel abziehen und auf der Küchenreibe zum Fleisch reiben.

2 Die Pfefferschote halbieren und das Kerngehäuse entfernen. Die Petersilie waschen und trockenschütteln. Pfefferschote und Petersilie fein hacken. Beides zum Fleisch geben. Mit den Mandeln, Ingwer, Kreuzkümmel, Koriander, Kardamom, Cayennepfeffer und Salz kräftig würzen und alles zu einem glatten Teig verarbeiten.

3 Mit nassen Händen zu pflaumengroßen Klößchen formen, im Kichererbsenmehl wenden und je 3 Klößchen auf einen Holzspieß stecken.

4 In der Friteuse das Fett auf 175 Grad erhitzen und die Spieße in ca. 3 Minuten knusprig braun braten. Herausheben und auf Küchenpapier abtropfen lassen.

Die Klößchen mit Joghurt und frischem Mango-Chutney servieren.

Fleischbällchen, süß-sauer

für die Fleischklößchen:
2 Frühlingszwiebeln
1 Teelöffel frischer Ingwer
300 g Schweinehackfleisch
1 Eßlöffel Reiswein oder Weißwein, 1 Ei, 1 Eßlöffel Sojasauce
½ Teelöffel Glutamat, Salz
frisch gemahlener Pfeffer
1 Eßlöffel Kartoffelmehl

Fett zum Frittieren für das Gemüse:
2 frische rote Chilischoten
2 grüne Paprikaschoten
2 Stangen Lauch
2 Eßlöffel Öl , 1/8 L Fleischbrühe
4 Scheiben Ananas, 3 Eßlöffel Essig
1 Eßlöffel Sojasauce, 2 Eßlöffel Sherry, 2 Eßlöffel Honig, 1 Eßlöffel Sesamöl

Pro Portion ca. 600 kcal / 2500 kJ

1 Die Frühlingszwiebeln putzen, waschen und fein hacken. Den frischen Ingwer reiben. In einer Schüssel das Schweinehackfleisch mit dem Ei, Frühlingszwiebeln, Ingwer, Reiswein, Sojasauce, Glutamat, Salz und Pfeffer zu einem geschmeidigen Teig verarbeiten. Das Kartoffelmehl gleichmäßig mit dem Fleischteig vermengen.

2 Zugedeckt 30 Minuten ziehen lassen. Die Chili- und die Paprikaschoten waschen, halbieren und das Kerngehäuse entfernen. Chilischoten in kleine, Paprikaschoten in ca. 3 cm große Würfel schneiden. Den Lauch putzen, waschen und in 3 cm lange Stücke schneiden.

3 In einer tiefen Pfanne das Öl erhitzen. Chili- und Paprikaschoten sowie Lauch 5 Minuten braten, dabei gelegentlich umrühren. Die Fleischbrühe angießen und weitere 10 Minuten schmoren.

4 Die Ananasscheiben in jeweils 6 Stücke schneiden. Zum Gemüse geben und mit Essig, Sojasauce, Sherry und Honig würzen und bei kleiner Hitze weiterdünsten. Aus dem Fleischteig mit nassen Händen kleine gleichmäßige Bällchen formen.

5 Fett in der Friteuse auf 175 Grad erhitzen und die Fleischbällchen darin knusprig braun frittieren. Herausheben und auf Küchenpapier abtropfen lassen.

Amerikanische Hamburger

4 Scheiben Toastbrot
1 Ei, Salz, Pfeffer
2 Eßlöffel Ketchup
1 Teelöffel mittelscharfer Senf
½ Teelöffel Zwiebelpulver
1 Messerspitze Knoblauchpulver
500 g Rinderhack
1 Fleischtomate
1 Gemüsezwiebel
2 Eßlöffel Öl
4 Scheiben Frühstücksspeck
4 Hamburger-Brötchen
4 Scheiben Edamer Käse
4 Scheiben Pfeffer- oder Paprikakäse
4 Blätter grüner Salat

Pro Portion ca. 910 kcal / 3800 kJ

1 Die Rinde vom Toastbrot entfernen. Das Toastbrot in kleine Würfel schneiden. Das Ei mit dem Ketchup, dem Senf, Zwiebel- und Knoblauchpulver, Salz und wenig Pfeffer verquirlen.

2 In einer Schüssel das Rinderhack mit dem Brot und dem gewürzten Ei gut vermischen. Die Tomate waschen und ab trocknen. Die Zwiebel abziehen. Tomate und Zwiebel in Scheiben schneiden und zugedeckt beiseite stellen.

3 Aus dem Fleischteig 4 ca. 2 cm dicke Frikadellen formen. Das Öl in einer Pfanne erhitzen. Die Hamburger darin auf beiden Seiten bei mittlerer Hitze jeweils 4 Minuten braten. Die Frühstücksspeckscheiben halbieren. Wenn die Hamburger umgedreht sind, den Frühstücksspeck ebenfalls in die Pfanne legen und mitbraten.

4 Hamburger und Speck herausheben und auf Küchenpapier abtropfen lassen. Die Brötchen aufschneiden. Auf jeden Hamburger 1 Scheibe Edamer und 1 Scheibe Pfefferkäse legen.

5 Im vorgeheizten Backofen bei 275 Grad die Brötchenhälften und die Hamburger einige Minuten backen, bis der Käse zu schmelzen beginnt.

6 Jeweils 1 Salatblatt auf die untere Brötchenhälfte legen, darauf 1 oder 2 Tomaten- und Zwiebelscheiben, 1 Hamburger mit Käse, 2 Stücke gebratenen Speck und abschließend die obere Brötchenhälfte.

Hackfleischroulade mit Kalbsbrät

600 g Rinderhack
1 Ei, Salz, 2 Eßlöffel Milch
2 Eßlöffel Semmelbrösel
75 g frisch geriebener Parmesan
frisch gemahlener Pfeffer
1 großes Bund Basilikum
1 Bund glatte Petersilie
4 Frühlingszwiebeln
2 Knoblauchzehen
50 g Pinienkerne
Öl zum Ausfetten, 4 Eßlöffel Olivenöl, 150 g Kalbsbrät
16 dünne Scheiben Frühstücksspeck
3 Eßlöffel Öl, 1 Prise Zucker
1 Dose gehackte Tomaten, 400 g
Weißwein zum Abschmecken

Pro Portion ca. 1120kcal / 4670 kJ

1 Das Rinderhack mit dem Ei, der Milch, den Semmelbröseln und dem Parmesan verkneten und mit Salz und Pfeffer würzen. Kurz durchziehen lassen.

2 Das Basilikum und die Petersilie waschen und trockenschütteln. Die Frühlingszwiebeln putzen. Die Knoblauchzehen abziehen. Basilikum, Petersilie, Frühlingszwiebeln, Knoblauch, Pinienkerne und Olivenöl im Mixer zu einer glatten Paste verarbeiten.

3 Ein großes Stück Alufolie einfetten. Den Hackfleischteig zu einem ca. 32 cm langen und 20 cm breiten Rechteck ausrollen. Das Kalbsbrät und anschließend die Basilikummischung (Pesto) darauf verteilen. Dabei an allen Rändern ca. 2 cm frei lassen. Mit Hilfe der Alufolie den Teig längs aufrollen. Die Roulade mit einem scharfen Küchenmesser in 8 Stücke zerschneiden. Jedes Stück mit 2 Scheiben Frühstücksspeck umwickeln und mit Küchengarn festbinden.

4 In einer tiefen Pfanne das Öl erhitzen, die Rouladenstücke darin auf beiden Seiten bei mittlerer Hitze insgesamt ca. 15 Minuten braten. Das Fleisch herausheben, das überschüssige Bratfett abgießen. Die gehackten Tomaten zum Bratfond geben und kurz aufkochen. Mit Pfeffer, Zucker und Weißwein abschmecken. Auf vorgewärmten Tellern die Tomatensauce verteilen und jeweils 2 Rouladenstücke darauf setzen.

Dazu Salzkartoffeln oder Reis reichen.

Hackbällchen in Tomatensauce

1 Zwiebel
2 Knoblauchzehen
1 Bund glatte Petersilie
2 Eßlöffel Öl
500 g gemischtes Hackfleisch
2 Eier, 2 Eßlöffel Semmelbrösel
2 Spritzer Sojasauce
2 Teelöffel Kräuter der Provence oder
je 1 Teelöffel Thymian und Oregano
Salz
frisch gemahlener schwarzer Pfeffer
1 kg pürierte Tomaten
je 1 Prise Salz, Zucker, Chilipulver

Pro Portion ca. 1010 kcal / 4230 kJ

1 Die Zwiebel und die Knoblauchzehen abziehen und fein hacken. Die Petersilie waschen, trockenschleudern, die Blättchen von den Stängeln zupfen und ebenfalls fein hacken. Alles miteinander im heißen Öl glasig dünsten. Das Hackfleisch mit den gedünsteten Zutaten, den Eiern, den Semmelbröseln und den Gewürzen bis einschließlich Pfeffer vermischen und gründlich kneten, dann 5 Minuten ruhen lassen.

2 Die pürierten Tomaten in einem Kochtopf mit den Gewürzen verrühren und erhitzen. Mit nassen Händen aus dem Fleischteig 4 Bällchen formen und in das köchelnde Tomatenpüree legen. Den Topf mit dem Deckel halb verschließen und die Hackbällchen bei schwacher Hitze in etwa 15 Minuten gar ziehen lassen. Inzwischen den Backofen auf höchste Temperatur vorheizen.

3 Das frisch zubereitete Kartoffelpüree in einen Spritzbeutel füllen und eine feuerfeste Servierplatte rund um den Rand garnieren. Den Püreerand im Backofen goldgelb gratinieren. Die gegarten Hackbällchen samt Tomatensauce in den Kartoffelrand füllen.

4 Für den Püreerand die Kartoffeln waschen, schälen, halbieren oder - je nach Größe - vierteln. In Salzwasser gar kochen. In ein Sieb abgießen und ausdampfen lassen. Dann durch eine Kartoffelpresse drücken oder zerstampfen. Milch und Butter in einem kleinen Topf erhitzen. Unter ständigem Rühren mit dem Schneebesen unter die Kartoffelmasse geben. Püree sahnig schlagen und mit Salz und Muskatnuß abschmecken.

Der gratinierte Püreerand ist eine hübsche Servieridee für viele Gerichte. Selbstverständlich schmeckt frisch aufgeschlagenes Kartoffelpüree ebenso gut.

Würziger Hackbraten

2 Zwiebeln 3 Knoblauchzehen 1 großer Bund glatte Petersilie 2 Eßlöffel Butter 1 kg gemischtes Hackfleisch 3 Eier 3 Eßlöffel Semmelbrösel 2 Teelöffel Senf	2 Teelöffel Tomatenketchup 1 Teelöffel Sojasauce je ½ Teelöffel geriebene Zitronenschale, Chilipulver, getrockneter Thymian und Oregano, Salz frisch gemahlener schwarzer Pfeffer Butter zum Einfetten

Pro Portion ca. 650 kcal / 2740kJ

1 Die Zwiebeln und die Knoblauchzehen abziehen und fein hacken. Petersilie waschen, trockenschleudern, die Blättchen abzupfen und ebenfalls sehr fein hacken. Alles in der zerlassenen Butter glasig dünsten.

2 Das Hackfleisch mit den gedünsteten Zutaten, den Eiern, den Semmelbröseln und allen Gewürzen vermischen und mit den Händen gründlich durchkneten.

3 Die Fleischmasse in eine gefettete Kastenform geben und etwas ruhen lassen.

4 Im vorgeheizten Ofen bei 180 Grad etwa 50 Minuten braten. Herausnehmen und auf eine Platte geben.

Schweizer Hackbraten

- 1 Brötchen
- ½ rote Paprikaschote
- 1 Zwiebel
- 300 g gemischtes Hackfleisch
- 2 kleine Eier
- 1 Teelöffel Senf
- 1 Teelöffel Salz
- ½ Teelöffel Pfeffer
- 75 g mittelalter Gouda
- 70 g Butter
- Paprikapulver
- ½ Bund Schnittlauch zum Garnieren

Pro Portion ca. 590 kcal / 2480 kJ

1 Das Brötchen in etwas Wasser einweichen. Die Paprikaschote waschen, Kerne und weiße Trennwände entfernen und in kleine Würfel schneiden. Die Zwiebel abziehen und fein würfeln.

2 Das Hackfleisch mit dem ausgedrückten Brötchen, den Eiern, den Zwiebelwürfeln gut vermischen. Mit dem Senf, dem Salz und dem Pfeffer würzen. Den Käse in Würfel schneiden und zusammen mit den Paprikawürfeln untermischen.

3 Den Backofen auf 200 Grad vorheizen. Eine Backform dünn mit wenig Butter bestreichen. Die Hackfleischmischung mit nassen Händen zu einem Laib formen, auf die Backform setzen und dünn mit Paprikapulver bestreuen. Die restliche Butter stark erhitzen und über den Hackbraten gießen. Den Braten in den heißen Ofen geben und ca. 25 Minuten braten.

4 Den fertigen Hackbraten 3-5 Minuten ruhen lassen. Den Schnittlauch waschen, trockenschütteln und in feine Röllchen schneiden. Den Hackbraten auf eine Platte setzen und mit den Schnittlauchröllchen garnieren.

Dazu schmecken gewürfelte Bratkartoffeln und grüner Salat besonders gut.

Paprika-Hackbraten in Blätterteig

3 Platten tiefgekühlter Blätterteig
1 Zwiebel, 2 Knoblauchzehen
2 rote Paprikaschoten
1 Bund glatte Petersilie
2 Eßlöffel Butter
750 g gemischtes Hackfleisch
2 Eier, 2 Eßlöffel Semmelbrösel
1 Teelöffel Senf
1 Teelöffel Tomatenketchup
je ½ Teelöffel geriebene Zitronenschale,
Chilipulver, getrockneter Thymian und Oregano, Salz, 1 Eigelb
frisch gemahlener schwarzer Pfeffer
2 Eßlöffel Milch

Pro Portion ca. 1050 kcal / 4420 kJ

1 Die Blätterteigplatten getrennt voneinander auftauen lassen. Die Zwiebel und die Knoblauchzehen abziehen und fein hacken. Die Paprikaschoten waschen, säubern und in kleine Würfel schneiden. Die Petersilie waschen, trockenschleudern, die Blättchen abzupfen, grob hacken. Alles in der zerlassenen Butter glasig dünsten.

2 Das Hackfleisch mit den gedünsteten Zutaten, den Eiern, den Semmelbröseln und allen Gewürzen vermischen und mit den Händen gründlich durchkneten. Die Fleischmasse zu einem ovalen Laib formen und etwas ruhen lassen. Die Ränder der aufgetauten Teigplatten mit Wasser bestreichen, genau aufeinanderlegen und auf be- mehlter Arbeitsfläche ausrollen. Die Teigplatte soll groß genug sein, um den Hackfleischlaib damit einwickeln zu können.

3 Die Fleischmasse auf den Teig setzen, die Teigenden um das Fleisch schlagen, die Nahtstellen festdrücken. Mit der Naht nach unten auf ein feuchtes Backblech setzen. Aus den Teigresten mit einem Teigrad Streifen ausradeln und mit etwas Wasser bestrichen darauf setzen. Das Eigelb mit der Milch verquirlen, den Teig damit bestreichen.

4 Im vorgeheizten Ofen bei 200 Grad etwa 50 Minuten braten. Herausnehmen und auf eine Platte geben.

Dazu paßt eine fruchtige Tomatensauce, die Sie aus Olivenöl, Tomatenfruchtfleisch sowie zerdrücktem Knoblauch kochen und mit Salz, Zucker, Pfeffer und Cayennepfeffer abschmecken.

Hackfleischring mit Blumenkohl

1 kleiner Blumenkohl
Salz
1 altbackenes Brötchen
100 ml heiße Milch
1 kleine Zwiebel
½ Bund glatte Petersilie
1 Eßlöffel Butter
350 g gemischtes Hackfleisch
34 Eier
1 Teelöffel Oregano
frisch gemahlener Pfeffer
Butter für die Form
4 kleine reife Tomaten
100 g geriebener Käse
200 g Schlagsahne

Pro Portion ca. 730 kcal / 3360 kJ

1 Den Blumenkohl putzen und in reichlich Salzwasser ca. 15 Minuten fast gar kochen. Das Brötchen in dünne Scheiben schneiden, mit der heißen Milch übergießen und 20 Minuten ziehen lassen. Den Blumenkohl aus dem Wasser heben und gut abtropfen lassen. Die Zwiebel abziehen und fein hacken. Die Petersilie waschen, trockenschütteln und hacken. Die Butter in einer Pfanne erhitzen. Die Zwiebel darin glasig dünsten, dann die Petersilie zugeben und kurz mitdünsten. Vom Herd nehmen und abkühlen lassen.

2 Das Hackfleisch in einer Schüssel mit dem ausgedrückten Brötchen, 1 Ei, der Zwiebelmischung, Oregano, Salz und Pfeffer gut vermischen.Eine runde feuerfeste Form mit Butter ausstreichen. Aus der Hackfleischmasse vier längliche Frikadellen formen. Den Blumenkohl vorsichtig im Ganzen in die Mitte der Form setzen.

3 Die Tomaten waschen, trockentupfen, den Stielansatz herausschneiden und um den Blumenkohl verteilen. Die Frikadellen vorsichtig in die Zwischenräume drücken. Den Käse mit den restlichen Eiern und der Schlagsahne verrühren. Die Käsecreme über Blumenkohl, Tomaten und Hackfleisch verteilen.

4 Im vorgeheizten Ofen bei 200 Grad ca. 30 Minuten überbacken. Dann die Temperatur auf 220 Grad erhöhen und weitere 15 Minuten gratinieren, bis die Käsekruste goldbraun ist. In der Form auftragen.

Dazu Salzkartoffeln reichen.

Überbackene Pfannkuchen

für den Teig:
150 g Mehl, 200 ml Milch
100 ml Mineralwasser mit Kohlensäure, 3 Eier, 2 EL Öl
je 1 Prise Salz und Zucker
Butterschmalz zum Backen
für die Füllung: 2 EL Öl
250 g Rinderhack, 1 Zwiebel
1 Knoblauchzehe
2 EL Tomatenmark, 2 EL Schlagsahne
1 Bund glatte Petersilie
1 Teelöffel getrockneter Thymian
Salz, frisch gemahlener Pfeffer
Butter für die Form, für den Guß:
200 g Schlagsahne, 3 Eigelb
1 Messerspitze frisch geriebene
100 g geriebener Emmentaler
Muskatnuß

Pro Portion ca. 850 kcal / 3540 kJ

1 Aus den angegebenen Zutaten einen Eierkuchenteig rühren und 30 Minuten quellen lassen. Inzwischen das Öl in einer Kasserolle erhitzen und das Hackfleisch darin krümelig braten.

2 Die Zwiebel und die Knoblauchzehe abziehen, fein hacken und mit dem Hackfleisch anbraten. Das Tomatenmark mit der Schlagsahne verrühren und mit dem Fleisch vermischen.

3 Die Petersilie waschen, trockenschütteln, die Blätter fein hacken und mit dem Thymian zum Hackfleisch geben. Die Masse mit Salz und Pfeffer abschmecken und abkühlen lassen.

4 Aus dem Teig 6 Pfannkuchen in dem Butterschmalz backen und auf Küchenpapier abtropfen lassen. Jeden Pfannkuchen mit Hackfleisch füllen, aufrollen und halbieren. Eine feuerfeste Form mit Butter ausstreichen und die gefüllten Pfannkuchen hineinsetzen.

5 Für den Guß die Schlagsahne mit Eigelb verrühren. Muskatnuß und Reibkäse zugeben und die Masse über die Pfannkuchen verteilen.
Die Form auf die mittlere Schiene in den vorgeheizten Backofen stellen und die Pfannkuchen bei 220 Grad 20 Minuten backen.

Die überbackenen Pfannkuchen in der Form servieren.

Gefüllte Artischocken

2 Schalotten	Saft von ½ Zitrone
2 Knoblauchzehen	1 kleine Dose gehackte Tomaten, 400 g
½ Bund Petersilie	frisch gemahlener Pfeffer
125 g Tatar	Chilipulver
1 Messerspitze Cayennepfeffer	1 Prise Zucker
Salz	1 Eßlöffel Butter
8 Artischockenböden aus der Dose	

Pro Portion ca. 820 kcal / 3410 kJ

1 Die Schalotten und die Knoblauchzehen abziehen. Die Petersilie waschen, trockenschleudern und zusammen mit den Schalotten und Knoblauchzehen fein hacken.

2 Alles in einer Schüssel mit dem Tatar mischen, mit Cayennepfeffer und Salz abschmecken.

3 Die Artischockenböden in einem Sieb abtropfen lassen, mit dem Zitronensaft beträufeln. Die Füllung darauf verteilen.

4 Die gehackten Tomaten mit Salz, Pfeffer, Chilipulver und dem Zucker abschmecken und in eine feuerfeste Form geben. Die gefüllten Artischockenböden hineinsetzen. Die Butter in Flöckchen auf die Füllung setzen.

5 Im vorgeheizten Backofen auf der mittleren Schiene bei 220 Grad ca. 20 Minuten schmoren.

Gefüllte Champignons

16 große braune Egerlinge (Champignons)
1 Schalotte
2 Sardellenfilets
½ Bund glatte Petersilie
200 g Tatar
1Ei, Salz
frisch gemahlener weißer Pfeffer
Butter für die Form
1 Scheibe Gouda, 80 g
3 Eßlöffel Cognac
100 g Schlagsahne

Pro Portion ca. 270 kcal / 1120 kJ

1 Die Pilze waschen, trockentupfen und die Stiele herausdrehen. Die Schalotte abziehen.

2 Die Sardellenfilets unter fließendem Wasser abspülen und trockentupfen. Die Petersilie waschen, trockenschütteln und die groben Stiele entfernen. Schalotte, Sardellenfilets und Petersilie sehr fein hacken.

3 In einer Schüssel das Tatar mit dem Ei und den feingehackten Zutaten gut vermischen, mit Salz und Pfeffer würzen. Die Pilze mit der Fleischmasse füllen.

4 Eine feuerfeste Form mit Butter ausstreichen und die Pilze hineinsetzen. Die Käsescheibe in 16 Stücke schneiden und auf die Füllungen drücken.

5 Die Form in den auf 200 Grad vorgeheizten Backofen auf die 2. Schiene von oben stellen.

6 Nach 5 Minuten die Pilze mit dem Cognac beträufeln. Nach weiteren 5 Minuten die Sahne angießen.

Die Pilze noch 15 Minuten backen und sofort in der Form servieren.

GRÄFRATHS VIELFÄLTIGER GAUMENSCHMAUS

Im **Hotel Gräfrather Hof** – in einer der schönsten Regionen im Bergischen Land gelegen – finden Sie die Freiheit und den Rahmen, schöne Dinge zu erfahren. Wir machen Sie bekannt mit einer Welt sinnlichen Erlebens, privatem Charme, exzellentem Service und einer ausgezeichneten Küche. Genießen Sie einen komfortablen Aufenthalt rund um den 700-jährigen Gräfrather Marktplatz und lassen Sie sich kulinarisch verwöhnen.
Jeder Gast ist bei uns ein besonderer Gast und verdient den besten Service!

FLORIAN

Das Restaurant FLORIAN ist ein Ort für alle, die Wert auf eine außergewöhnliche, **internationale Küche,** exklusive Getränke und eine besondere Atmosphäre legen. Genießen Sie ab dem ersten Moment vollkommene Gastlichkeit und lassen Sie sich von unseren Köchen in die Welt der Haut Cuisine entführen.

Osteria da Felice

Mit Herz und Leidenschaft bereiten Felice und sein Team pfiffige und variantenreiche **italienische Köstlichkeiten.** Direkt vis á vis unseres Hotels.

Brauhaus Gräfrather Klosterbräu

Zwei Gehminuten vom Gräfrather Hof entfernt empfängt Sie stilvoll, uriges Ambiente. Hier lädt **klassische, deutsche Küche** – abgerundet durch erlesene Weine sowie hausgebrautes und prämiertes Bier zum gemütlichen Verweilen ein.

Hotel Gräfrather Hof

In der Freiheit 48, 42653 Solingen-Gräfrath
Tel.: 02 12 258 00 - 0, Fax: 02 12 258 00 - 800
info@hotel-graefratherhof.de

www.hotel-graefratherhof.de

GRÄFRATHER HOF
HOTEL • RESTAURANT
★ ★ ★ ★

GRÄFRATHER HOF

Gasthof
Gräfrather
Klosterbräu
Schänke

FLORIAN
BISTRO CAFÉ BAR

OSTERIA
da Felice